海上絲綢之路基本文獻叢書

吾妻鏡補（一）

〔清〕翁廣平 纂

文物出版社

圖書在版編目（CIP）數據

吾妻鏡補．一 /（清）翁廣平纂．-- 北京 ：文物出版社，2023.3
（海上絲綢之路基本文獻叢書）
ISBN 978-7-5010-7962-9

Ⅰ．①吾… Ⅱ．①翁… Ⅲ．①日本－歷史－史料
Ⅳ．① K313.06

中國國家版本館 CIP 數據核字（2023）第 026334 號

海上絲綢之路基本文獻叢書
吾妻鏡補（一）

纂　　者：〔清〕翁廣平
策　　劃：盛世博閱（北京）文化有限責任公司

封面設計：鞏榮彪
責任編輯：劉永海
責任印製：張　麗

出版發行：文物出版社
社　　址：北京市東城區東直門内北小街 2 號樓
郵　　編：100007
網　　址：http://www.wenwu.com
經　　銷：新華書店
印　　刷：河北賽文印刷有限公司
開　　本：787mm×1092mm　1/16
印　　張：11.5
版　　次：2023 年 3 月第 1 版
印　　次：2023 年 3 月第 1 次印刷
書　　號：ISBN 978-7-5010-7962-9
定　　價：90.00 圓

總緒

海上絲綢之路，一般意義上是指從秦漢至鴉片戰争前中國與世界進行政治、經濟、文化交流的海上通道，主要分爲經由黄海、東海的海路最終抵達日本列島及朝鮮半島的東海航綫和以徐聞、合浦、廣州、泉州爲起點通往東南亞及印度洋地區的南海航綫。

在中國古代文獻中，最早、最詳細記載『海上絲綢之路』航綫的是東漢班固的《漢書·地理志》，詳細記載了西漢黄門譯長率領應募者入海『齎黄金雜繒而往』之事，書中所出現的地理記載與東南亞地區相關，并與實際的地理狀况基本相符。

東漢後，中國進入魏晋南北朝長達三百多年的分裂割據時期，絲路上的交往也走向低谷。這一時期的絲路交往，以法顯的西行最爲著名。法顯作爲從陸路西行到印度，再由海路回國的第一人，根據親身經歷所寫的《佛國記》（又稱《法顯傳》）一書，詳細介紹了古代中亞和印度、巴基斯坦、斯里蘭卡等地的歷史及風土人情，是瞭解和研究海陸絲綢之路的珍貴歷史資料。

隨着隋唐的統一，中國經濟重心的南移，中國與西方交通以海路爲主，海上絲綢之路進入大發展時期。廣州成爲唐朝最大的海外貿易中心，朝廷設立市舶司，專門管理海外貿易。唐代著名的地理學家賈耽（七三〇～八〇五年）的《皇華四達記》記載了從廣州通往阿拉伯地區的海上交通『廣州通海夷道』，詳述了從廣州港出發，經越南、馬來半島、蘇門答臘島至印度、錫蘭，直至波斯灣沿岸各國的航綫及沿途地區的方位、名稱、島礁、山川、民俗等。譯經大師義净西行求法，將沿途見聞寫成著作《大唐西域求法高僧傳》，詳細記載了海上絲綢之路的發展變化，是我們瞭解絲綢之路不可多得的第一手資料。

宋代的造船技術和航海技術顯著提高，指南針廣泛應用於航海，中國商船的遠航能力大大提升。北宋徐兢的《宣和奉使高麗圖經》詳細記述了船舶製造、海洋地理和往來航綫，是研究宋代海外交通史、中朝友好關係史、中朝經濟文化交流史的重要文獻。南宋趙汝适《諸蕃志》記載，南海有五十三個國家和地區與南宋通商貿易，形成了通往日本、高麗、東南亞、印度、波斯、阿拉伯等地的『海上絲綢之路』。宋代爲了加强商貿往來，於北宋神宗元豐三年（一〇八〇年）頒布了中國歷史上第一部海洋貿易管理條例《廣州市舶條法》，并稱爲宋代貿易管理的制度範本。

元朝在經濟上採用重商主義政策，鼓勵海外貿易，中國與世界的聯繫與交往非常頻繁，其中馬可·波羅、伊本·白圖泰等旅行家來到中國，留下了大量的旅行記，記録元代海上絲綢之路的盛況。元代的汪大淵兩次出海，撰寫出《島夷志略》一書，記録了二百多個國名和地名，其中不少首次見於中國著録，涉及的地理範圍東至菲律賓群島，西至非洲。這些都反映了元朝時中西經濟文化交流的豐富内容。

明、清政府先後多次實施海禁政策，海上絲綢之路的貿易逐漸衰落。但是從明永樂三年至明宣德八年的二十八年裏，鄭和率船隊七下西洋，先後到達的國家多達三十多個，在進行經貿交流的同時，也極大地促進了中外文化的交流，這些都詳見於《西洋蕃國志》《星槎勝覽》《瀛涯勝覽》等典籍中。

關於海上絲綢之路的文獻記述，除上述官員、學者、求法或傳教高僧以及旅行者的著作外，自《漢書》之後，歷代正史大都列有《地理志》《四夷傳》《西域傳》《外國傳》《蠻夷傳》《屬國傳》等篇章，加上唐宋以來衆多的典制類文獻、地方史志文獻，集中反映了歷代王朝對於周邊部族、政權以及西方世界的認識，都是關於海上絲綢之路的原始史料性文獻。

海上絲綢之路概念的形成，經歷了一個演變的過程。十九世紀七十年代德國地理學家費迪南・馮・李希霍芬（Ferdinad Von Richthofen，一八三三～一九〇五），在其《中國：親身旅行和研究成果》第三卷中首次把輸出中國絲綢的東西陸路稱爲『絲綢之路』。有『歐洲漢學泰斗』之稱的法國漢學家沙畹（Édouard Chavannes，一八六五～一九一八），在其一九〇三年著作的《西突厥史料》中提出『絲路有海陸兩道』，蘊涵了海上絲綢之路最初提法。迄今發現最早正式提出『海上絲綢之路』一詞的是日本考古學家三杉隆敏，他在一九六七年出版《中國瓷器之旅：探索海上的絲綢之路》中首次使用『海上絲綢之路』一詞；一九七九年三杉隆敏又出版了《海上絲綢之路》一書，其立意和出發點局限在東西方之間的陶瓷貿易與交流史。

二十世紀八十年代以來，在海外交通史研究中，『海上絲綢之路』一詞逐漸成爲中外學術界廣泛接受的概念。根據姚楠等人研究，饒宗頤先生是中國學者中最早提出『海上絲綢之路』的人，他的《海道之絲路與昆侖舶》正式提出『海上絲路』的稱謂。選堂先生評價海上絲綢之路是外交、貿易和文化交流作用的通道。此後，學者馮蔚然在一九七八年編寫的《航運史話》中，也使用了『海上絲綢之路』一詞，此書更多地限於航海活動領域的考察。一九八〇年北京大學陳炎教授提出『海上絲綢之路』研究，并於一九八一年發表《略論海上絲綢之路》一文。他對海上絲綢之路的理解超越以往，且帶有濃厚的愛國主義思想。陳炎教授之後，從事研究海上絲綢之路的學者越來越多，尤其沿海港口城市向聯合國申請海上絲綢之路非物質文化遺産活動，將海上絲綢之路研究推向新高潮。另外，國家把建設『絲綢之路經濟帶』和『二十一世紀海上絲綢之路』作爲對外發展方針，將這一學術課題提升爲國家願景的高度，使海上絲綢之路形成超越學術進入政經層面的熱潮。

與海上絲綢之路學的萬千氣象相對應，海上絲綢之路文獻的整理工作仍顯滯後，遠遠跟不上突飛猛進的研究進展。二〇一八年厦門大學、中山大學等單位聯合發起『海上絲綢之路文獻集成』專案，尚在醖釀當中。我們不揣淺陋，深入調查，廣泛搜集，將有關海上絲綢之路的原始史料文獻和研究文獻，分爲風俗物産、雜史筆記、海防海事、典章檔案等六個類别，彙編成《海上絲綢之路歷史文化叢書》，於二〇二〇年影印出版。此輯面市以來，深受各大圖書館及相關研究者好評。爲讓更多的讀者親近古籍文獻，我們遴選出前編中的菁華，彙編成《海上絲綢之路基本文獻叢書》，以單行本影印出版，以饗讀者，以期爲讀者展現出一幅幅中外經濟文化交流的精美畫卷，爲海上絲綢之路的研究提供歷史借鑒，爲『二十一世紀海上絲綢之路』倡議構想的實踐做好歷史的詮釋和注脚，從而達到『以史爲鑒』『古爲今用』的目的。

凡例

一、本編注重史料的珍稀性，從《海上絲綢之路歷史文化叢書》中遴選出菁華，擬出版數百册單行本。

二、本編所選之文獻，其編纂的年代下限至一九四九年。

三、本編排序無嚴格定式，所選之文獻篇幅以二百餘頁爲宜，以便讀者閱讀使用。

四、本編所選文獻，每種前皆注明版本、著者。

五、本編文獻皆爲影印，原始文本掃描之後經過修復處理，仍存原式，少數文獻由於原始底本欠佳，略有模糊之處，不影響閱讀使用。

六、本編原始底本非一時一地之出版物，原書裝幀、開本多有不同，本書彙編之後，統一爲十六開右翻本。

目録

吾妻鏡補（一）

吾妻鏡補（一）

卷首至卷六

〔清〕翁廣平 纂

清抄本

周禮職方氏所掌自九州之外凡蠻夷閩貉戎狄之地不遺紀載蓋同此覆載之中雖在荒服無不被中朝之文命也太史公作史記有東越西南夷諸傳後之作史者援以爲例焉海東諸國日本爲大漢初始通中國嗣是歷朝皆獻方物且購求典籍釋藏以歸而文明之象漸啟矣劉宋時國王武進表辞頗雄健唐時諸使臣都有工辞翰者趙宋初僧奝然入貢其表文周駢体并献其國年代紀職官表　卷故史傳中不特記其山川風土而君長之授受　焉明季有吾妻鏡一書亦名

東鑑所載國王世系　年代紀朱竹垞鍾廣漢兩先
生說爲海外奇書購　　架以資披覽然所記泛冗甚
疏畧記事僅八十七年而八十七年中某年月日之陰
晴災異纖悉必書餘則書將軍之執權及射會狩獵等
事而已余向欲仿史家編年之例爲日本作通鑑而年
代紀吾妻鏡所載第一代神武天皇當周僖王甲寅年
余以甲子會記推之無論僖王無甲寅年而年數之多
寡亦不符又無他書可以引證事遂寢壬申歲有商於
日本者攜其國中年號箋一卷歸以贈余實本吾妻鏡

而改正者其日月之陰晴概從删削其他失典則存之
其人物之生卒著書之始末及制度營建軍旅諸事稍
有增益國王相繼之次第與改元尤為詳備自皇極天
皇以迄於今俱係以甲子皇極當唐太宗貞觀十六年
神武天皇當東周惠王十七年余因以諸王歷年之數
推之毫釐不爽於是自王極以前溯至神武亦係以甲
子又以日本年代譜要日本小志與夫歷代國史紀載
之書擇其文之雅馴事之近理者摘錄數十百條補其
闕漏諸王之元年各　國某帝某年曰世系表

分十卷其地理風俗　藝文之類分二十六卷
凡七閱歲五易稿而成　吾妻鏡補亦可備海東一
方之掌故也余嘗謂諸外外國傳不過附見於正史耳
未有專爲一書者惟宋葉隆禮有契丹國志　國朝徐
澂齋有中山傳信録余友洪北江亮吉嚴鉄橋可均俱有西
夏志在屬國者高麗有通鑑有史畧安南有志畧朝鮮
申叔舟有海東諸國記而日本素有著述所纂七經孟
子考文補遺收入
欽定四庫全書苟非澌被於

聖朝文命之敷而能若是乎余之補此也蓋仿契丹國志西夏志之例而其世系之相承未嘗有更姓革命之變是豈契丹諸國所可比乎又況人文炳蔚著作斐然直超高麗中山而上之則此邦之文獻洵足備輶軒之采訪也若其附庸之世系風俗山川疆域一時未能博采僅載其畧

嘉慶十九年甲戌閏二月望日吳江翁廣平撰

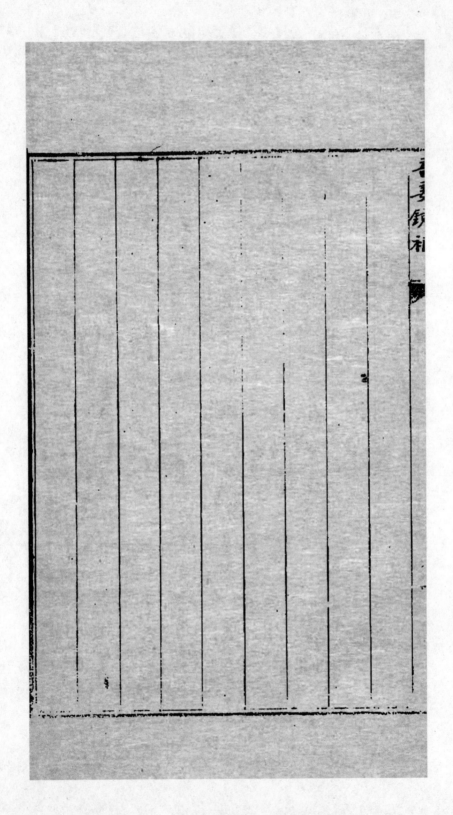

凡例二十則

一此書本吾妻鏡與海東諸國記年號箋年代擘要諸書而成因名吾妻鏡補而其体例似志一名日本國志猶之日本之吾妻鏡一名東鑑是也

一志書体例第一門曰沿革日本古今一姓又末附庸他國故無所爲沿革者其地名之更改分并詳地里志其有劃據者詳於編年之下仿通鑑紀事例也

一日本記事諸書俱以世系爲首今仍之其人物並無列傳畧記其所著書名或其生卒之歲月而已故此

書亦不爲列傳其間有可考者則於藝文志小傳中
或風土志中詳之
一吾妻鏡記事僅八十七年每年以日系月每日必記
其陰晴閒及日月星辰之變年歲之豐凶餘記將軍
之擅權而已年號箋年代擘要自神武天皇以至於
今僅記每年之甲子及改元又刪吾妻鏡之繁以數
字記一二事於甲子之下茲所存者皆原文也余
所補者亦係原文閒有刪節者
一所補書籍俱註出處閒有未見原書從他書所引者

亦注原書之名不沒其自所出也余友平湖鄒別駕
璟為余參訂且有增益因於每條下注曰鄒璟補纂
不敢沒人之善也
一日本地里圖始見於籌海圖編後有日本圖纂兩浙
海防續編等書其圖無甚異同因仿其大畧為一卷
以長崎圖與海船圖附焉
一僧奝然獻其國職員表年代紀各一卷紀中載日本
地里甚詳後采日本考與志與史傳所記作地里志
二卷又行海非指南針不可乃采度海外方程海道

針經等書作行海針路一篇附焉

一日本有風土記等書無從得見乃以日本考與志書與史傳所記及近時聞見之確者作風土志二卷

一食貨諸書所載甚畧乃益以今所有者作食貨志一卷以出洋貨物附焉

一前朝與日本通商無定例亦無處　國朝康熙中其國中御門天皇正德五年定於長崎交易東洋客遊畧有通商條規錄爲一卷蓋日本之原文也

一翛然之職員表今失傳乃雜采諸史說部作職官志

一卷

一日本文章始見於宋書所載雄畧天皇一表唐太宗時始作詩今僅傳一首趙宋時僅三首文一首前明及　國朝作詩頗多鮮有全稿流入中華乃於各選本與他書所載石墨所鐫輯爲藝文志詩文共六卷附庸國所作依時代附焉

一日本頗有著述流傳中華者不過十之一二其書目之見於年號箋年代擥要全唐詩逸者列次其目爲一卷

一遼金兩史俱有國語解茲仿其例作國語解三卷

一海外之書各國不同日本通俗之書僅數十字纂爲國書一卷仿八紘譯史例也

一日本自漢以後皆貢方物茲附於編年之内故不另列

一日本歷朝頗有兵事茲僅載用兵朝鮮一事以槪其餘

一日本附庸之國甚多作附庸國志一卷

一雜事無門目可附者作雜記一卷

一吾妻鏡與日本受領之事俱有適俗字訓其旁茲盡
削之其以杜撰楷書及適俗字入正文不能釋者姑
存以俟考

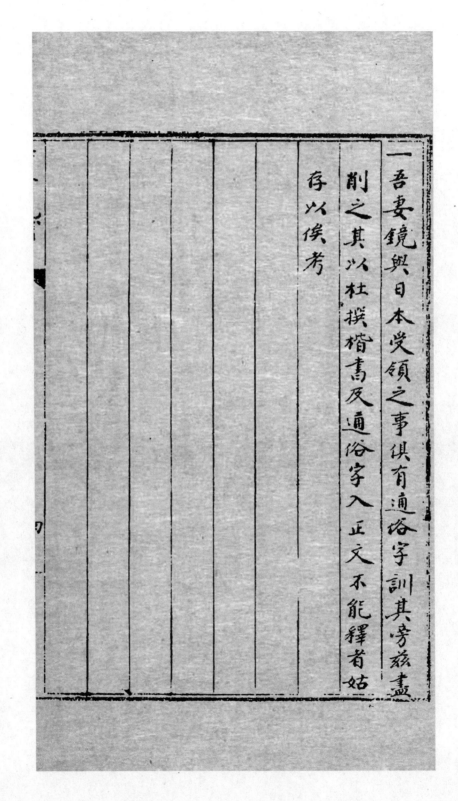

吾妻鏡補

引用書目

御定全唐詩錄

大清一統志

欽定四庫全書簡明目錄

佩文齋書畫譜

周禮　禮記　論語

大學衍義補采夷情論　後漢書

孟子朱子集注　魏畧

三國志　宋書　南齊書

晉書　南史　北史　殊域周咨錄
梁書　新舊唐書　明史　四朝聞見錄
隋書　三朝志　五湖漫聞
宋史　元史　續文獻通考　太平寰宇記
唐會要　癸辛雜識　太平御覽
國史補　通紀纂鍾惺　王氏談苑　湘山野錄
文獻通考　山海經　野獲編
玉海　博物志　年壽考
楊文公談苑　鄧公譚纂　兩浙海防續編　丹鉛總錄

淮南子　八紘譯史　文昌雜錄
籌海圖編　四裔考　列子
全邊畧記　四夷廣記
日本圖纂 鄭若曾　杜陽雜編
臨海水土志 沈瑩　夷門廣牘
日本考　備倭考
島夷志　平壤錄 諸葛元声
泛海小錄 王惲　南征寔畧 鄭元禄
閩海兵防 仝學曾　東征事畧 許遊戎

吾妻鏡補

海防類考　外國傳尤侗　異域志

海國見聞錄　土風錄顧張思　東西洋考

郡國利病書顧炎武　遵聞錄　海外記

東洋客遊畧張嶲若　鷄窗叢話蔡澄　見聞錄徐岳

日本夷譯語居彥求　甕牖閒評袁文　筠廊偶筆

海外奇談　西墅雜記　北窗瑣語余永麟

日本雜詩沙起雲　惜陰筆記王豫　南中紀聞包汝楫

日記鈔錢大昕　寄園寄所寄　黎媿曾筆記

遊海記郁永河　袖海編汪巽滄　談往花村看行侍者

槎蠡記　金山志 胡經
尭山堂外紀　大明一統志
金山縣志　海道針經
度梅方程　金石錄　泉譜
吾學編　圖繪寶鑑　宣和書畫譜
書史　讀書敏求記畫繼
畫友錄　藝海珠塵　陶宗儀外域書記
錢氏世寶引程以勝相寺記　高僧傳 釋贊寧　詹東圖元覽
江文通集　王右丞集歐陽文忠集

吏隱錄 沈潤卿　　蘇文忠公集

歷代紀元考　　歸震川文

李太白集　　梧溪集 王逢

章考標詩集　　澹居集 釋至仁

錢學士集　　劉夢得汝洛集

沐氏滄海遺珠　　包幼正詩集

明詩綜　　江湖散人集

小倉山房集　　韋文靖浣花集

戲鴻堂法帖　　清閟閣集

西方答問 同上　宋詩紀事
唐荆川集　谷響集 釋善住
五雜俎　宋學士集
中山傳信錄　茅鹿門集
琉球志　沈懋嘉集
琉球國志畧 周煌　曝書亭集
鄭注孝經 岡田挺之序　抱經堂文集
小板孝經 藤信篤跋　東國通鑑 未詳何國人所著見曝書亭集全唐詩逸所引
職方物紀 西洋艾儒畧　皇侃論語義疏 平安服元喬序

吾妻鏡補

七經孟子考文補遺刻 日本山井鼎以下皆日本人所著

羣書治要　辨名 物茂卿　古語拾遺

論語古義 京兆伊藤長允　日本風土記　神皇正統記

論語徵 物茂卿　續日本紀　宏仁式

佚存叢書 天瀑山人　仙臺國記畧　秘府畧

吾妻鏡 一名東鑑　陸奥州志　令義解

日本小志　年號箋　日本後記

日本受領之事　文鏡秘府論 釋空海　類聚國史

長崎畵　性靈集 釋空海　三代實錄

年代紀　僧奝然　　千載佳句　　延禧式
年代略要　　南遊稠載錄
日本高僧傳　　蓬蒿詩集
古梅園續墨譜　　柳灣漁唱集
全唐詩逸　　競秀亭草稿
戊亥遊囊
日本本朝三國志

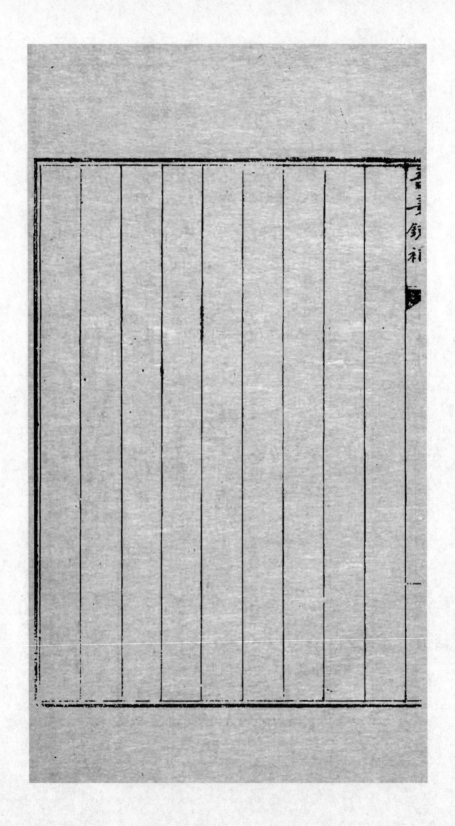

吾妻鏡補目錄

吾妻鏡補卷一

吳江翁廣平海琛纂

日本世系自神武天皇以前諸書互有不同並列於左

世系表

此吾妻鏡本與歷代紀元考海東諸國紀同	此裔然年代紀與文獻通考宋史日本考同	此仙臺國記畧帝系與日本小志同	此年號箋參年代擥要
天御中主	天御中主	天神七代	天神七代
天材雲尊	天材雲尊	第一國常立尊	國常立尊
天八重雲尊	天八重雲尊	第二國狹槌尊	國狹槌尊
天彌聞尊	天忍尊	第三豐斟淳尊	豐斟淳尊

天忍勝尊　瞻波尊　第四泥土煮尊　泥土煮尊
瞻波尊　萬魂尊　第五大戸道尊　沙土煮尊
萬魂尊　利利魂尊　第六面足尊　大戸道尊
利刹魂尊　國狹槌尊　第七伊弉諾尊　大戸邊尊
國狹槌尊　角龔魂尊　地神五代　面足尊
角龔魂尊　津舟尊　第一天照大神　惶根尊
汲井舟尊　面重見尊　第二忍穗耳尊　伊弉諾尊
面垂見尊　國常立尊　第三瓊々杵尊　伊弉冊尊
國常立尊　天鑑尊　第四彥火出見尊　地神五代

天鑑尊　天萬尊　第五葺不合尊　天照大尊

天萬尊　珠名杵尊　忍穗耳尊

珠名杵尊　伊奘大尊　瓊〻杵尊

伊奘諾尊　素戔烏尊　彥炎出見尊

素戔爲尊　天照大神尊　葺不合尊

天照大神尊　天彥尊

正哉吾勝運日
天押穗耳尊　天彥尊

天彥尊　天彥尊

天炎尊　彥瀲尊

彥瀲尊

右二十三世都於筑紫日向宮吾妻鏡遷都畧記都於日州宮崎

人皇仙臺國帝系與年號箋有天神地神人皇之號餘書俱無仙臺國帝系自神武以下俱稱帝餘書俱稱天皇

神武天皇代彥瀲尊第四子年代擘要作葺不合尊子以東周惠王十七年辛酉立在位七十九年年一百二十七歲自筑紫入居太和州橿原宮遷都畧記作和州檜原二十九年庚寅生綏靖

吾妻鏡諸書皆曰以周僖王甲寅即位考僖王以庚子立在位五年是甲辰無甲寅蓋紀載之譌也惟年號箋云當周惠王十七年考惠王以乙巳立則十七年是辛酉又以日本諸王之在年與中國

史鑑及紀載之書核之干支厘毫不爽故余纂此
書斷自辛酉始

綏靖天皇二代以周簡王五年庚辰立在位三十三年
十五年甲午生安寧

安寧天皇三代以周靈王二十四年癸丑立在位三十八
年

懿德天皇四代安寧子以周敬王十年辛卯立在位三十
五年
五年乙未生孝昭

孝昭天皇五代以周元王元年丙寅立在位八十三年年
一百十八歲　四十九年甲寅生孝安

孝安天皇六代以周安王十年己卯立在位一百二十年

一百三十七歲　五十一年己卯生孝霊　九十

二年庚申富士山出

孝霊天皇七代以周赧王二十五年辛未立在位七十六

年一百十五歲　五年乙亥逝江湛　十三年

癸未梵字渡　十八年戊子生孝元　七十二年

甲午經書渡

孝元天皇八代以秦始皇三十二年丁亥立在位五十七

年一百十七歲　七年癸巳生開化　三十九

年乙丑六月降雪

開化天皇九代以漢文帝後七年甲申立在位六十年年

一百十五歲　十年癸巳生崇神

崇神天皇十代以漢武帝天漢四年甲申立在位六十八

年年一百二十歲　十年癸巳始有將軍之號

十七年庚子始造舟　二十七年庚戌生垂仁

垂仁天皇十一以漢武帝建始四年壬辰立在位九十七

年年一百四十歲　三年甲午新羅王子歸化獻

寶物　四年乙未皇后兄狹惠彥謀反五年丙申

伏誅皇后死城中　六年丁酉秋蹶速野見角力

二十八年己未詔罷殉死　三十五年丙寅令

諸國開池溝勸農　三十七年戊辰生景行　八

十六年丁巳倭使始通漢　八十八年己未新羅

王來帝見之

景行天皇二十以漢明帝永平十四年辛未立在位六十

年年一百六歲　十年庚辰江州湖中竹生島見

十三年癸未生成務　四十一年辛亥日本武

薨

成務天皇十三以漢順帝永建六年辛未立在位六十一
年年一百七歲　遷都江州志賀　十九年己丑
仲哀生　四十年庚戌神功生
仲哀天皇十四成務子以漢獻帝初平三年壬申立在位
九年　遷都長州豊浦　九年庚戌應神生　仲
哀國人言今為鎮國香椎大神年代紀
桓靈間倭國大亂更相攻殺歷年無主有一女子
名曰卑彌呼年長不嫁事鬼神道能以妖惑衆於
是共立為王侍婢千人少有見者惟有男子一人

給衣食傳辭語居處宮室樓觀城柵皆持兵守衛

後漢書卑彌呼無夫壻有男弟佐治國自爲王以

來少有見者　三國志

神功天皇五十仲哀之后以漢獻帝建安六年辛巳立在

位六十九年年一百歲　遷都筑前州　神功天

皇又謂之息長足姬天皇國人言今爲大奈良姬

大神年代紀　日本弓之始　吉野國倭始　二

十一年辛丑帝入新羅　四十八年戊辰百濟爲

鷹渡百濟稱西蕃貢　五十年始作驛路

應神天皇十六仲哀之子以晉武帝泰始六年庚寅立在位四十三年年一百十歲　某年諸韓來朝作池　九年戊戌起請始　十四年癸卯百濟貢女士始　十五年甲辰貢經典　始於百濟國得中國文字今號八蕃菩薩有大臣號紀武内年三百七歲年代紀

仁德天皇十七應神子以晉愍帝建興元年癸酉立在位八十七年年一百十歲　遷都攝州難波高津宮　四年丙子登高見人烟免課役　十年乙酉始

科課役構宮室　十三年戊子始立茨田屯倉
十七年壬辰履中生　三十九年甲寅詔獻菖蒲
四十年乙卯反正生　七十五年庚寅雄略生
履中天皇十八先帝之子名讚以晉安帝隆安四年庚子
立在位六年　遷都和州
反正天皇十九履中母弟名珍以晉安帝義熙二年丙午
立在位六年
允恭天皇二十反正母弟名濟以晉安帝義熙八年壬子
立在位四十二年　都和州　二年癸丑安康生

四年乙卯姓氏尊卑品定　二十九年己卯顯宗
生　三十七年丁亥賢仁生　三十九年己丑
繼體生
安康天皇廿一名興以宋武帝孝建元年甲午立在位三
年
雄略天皇廿二興弟名武以宋武帝大明元年丁酉立在
位二十三年年一百四歲　七年癸卯女御始
十年丙午安閑生　廿二年戊午浦嶋子入仙宮
清寧天皇廿三雄略子以齊高帝建元二年庚申立在位

五年

顯宗天皇廿四履中曾孫以齊武帝永明三年乙丑立在

位三年

仁賢天皇廿五顯宗母兄以齊武帝永明六年戊辰立在

位十一年

武烈天皇廿六仁賢子以齊東昏侯永元元年己卯立在

位八年

己卯嘉紀元年日本有年號之始

庚辰　二年

辛巳　三年

壬午　四年

癸未　五年　一作是光元年

甲申　六年　二年

乙酉　七年　三年

丙戌　八年　四年

継體天皇廿七應仁元孫之子以梁武帝天監六年丁亥

立在位二十七年

丁亥元　不改元元年襲號一作是光五年

戊子　二年　六年

己丑　三年生宣化　七年

庚寅　四年　八年

辛卯　五年　九年

壬辰　六年　十年襲號止此

癸巳　七年

甲午　八年

乙未　九年

丙申　十年

丁酉十一年

戊戌十二年

己亥十三年

庚子十四年

辛丑十五年

壬寅善紀元年一作善化

癸卯二年

甲辰三年

乙巳四年

丙午正和元年

丁未　二年

戊申　三年

己酉　四年巨勢大臣薨

庚戌　五年

辛亥發倒元年一作教倒

壬子　二年

癸丑　三年

武帝即位進倭王武號征東大將軍梁書

吾妻鏡補卷二

吳江 翁廣平 海琛纂

世系表

安閑天皇廿八繼體子以梁武帝中大通六年甲寅立在位二年都和州

甲寅 元年

乙卯寶元元年

宣化天皇廿九繼體子以梁武帝大同二年丙辰立在位四年

丙辰僧聽元年一作寳元元年

丁巳 二年 二年

戊午 三年 三年

己未 四年 四年

欽明天皇三十繼體子以梁武帝大同六年庚申立在位

三十二年 年代紀作天國排開廣庭天皇

庚申 元年

辛酉明要元年一作同要

壬戌 二年

癸亥　三年

甲子　四年

乙丑　五年

丙寅　六年

丁卯　七年

戊辰　八年

己巳　九年

庚午　十年百濟渡五經易醫藥色味知之博士渡

辛未一作得光十一年始傳佛法於百濟或作壬申年

按唐書欽明之十一年直梁承聖元年考是年乃簡文帝大寶元年若承聖元年是十三年則一字乃三字之譌

壬申貴樂元年

癸酉　二年

甲戌法清元年一作結晴彌陀三尊畫渡

乙亥　二年

丙子　三年

丁丑　四年

戊寅兄弟元年

己卯藏和元年一作藏知
庚辰　二年
辛巳　三年
壬午　四年
癸未　五年
甲申師安元年
乙酉知僧元年一作和僧
丙戌　二年
丁亥　三年

戊子　四年

己丑　五年

庚寅金光元年

辛卯　二年

敏達天皇一卅欽明子以陳宣帝大建四年壬辰立在位

十四年　年代紀紀元考作達海天皇　唐書作

海達天皇

壬辰　元年

癸巳　二年廄户生

甲午　三年

乙未　四年

丙申賢棲元年一作賢称

丁酉　二年法華經佛工來

戊戌　三年

己亥　四年釋迦像渡

庚子　五年

辛丑鏡常元年一作鏡當

壬寅　二年

吾妻鏡補　卷一

癸卯　三年

甲辰　四年

乙巳勝照元年一作勝烈

用明天皇卅二敏達之弟以陳後主至德四年丙午立在位二年

唐書作多利思比孤天皇紀元考以爲此推古天皇之子按隋書開皇二十年倭王姓阿輩雞彌即推古天皇也無多利思之字唐書誤紀元考作隋開皇中立以隋文帝於陳宣帝大建十三年即稱開皇元年也

丙午　元年一作勝照二年

丁未　二年一作和重元年

用明天皇有子曰聖德太子年三歲聞十人語同

時辭之七歲悟佛法於菩提寺講聖鬘經天雨鬘

陀羅花當此隋開皇中遣使泛海至中國求法華

經年代紀叅文獻通考

崇峻天皇卅三用明之弟以陳後主禎明二年戊申立在

位五年

戊申　元年　和重二年

己酉端政元年一作端正

五

庚戌　二年

辛亥　三年

壬子　四年

推古天皇四卅　欽明天皇曾孫女肇要作欽明之后唐書作欽明之孫女宋史作欽明之女以隋文帝開皇十三年癸丑立在位三十六年

癸丑喜樂元年

甲寅吉貴元年　一作從貴元年

乙卯[illegible]二年　元年　一作始哭二年

丙辰法興元年　三年

丁巳　二年　四年

戊午　三年　五年

己未　四年　六年

庚申　五年　七年

開皇二十年倭王多利思比孤號阿輩鷄彌王妻號鷄彌後宮有女六七百人名太子爲利歌彌多弗利

遣使詣闕上令所司訪其風俗使者言倭王以天

爲兄以日爲弟天明時出聽政跏趺坐日出便停理務云委我弟文帝曰此大無義理於是訓令改之隋書

辛酉願轉元年

壬戌　二年歷書來

癸亥　三年

甲子　四年官位法令始

乙丑光元元年帝鑄釋迦　高麗貢金

丙寅　二年聖德講聖曼法華

大業三年倭王多利思比孤遣使朝貢使者云聞海西菩薩天子重興佛法故遣朝拜兼旨沙門数十人来學佛法　隋書

丁卯　三年太子使者妹子自隋歸

戊辰　四年九月太子屏夢殿取前身所持妙經大業四年上遣文林郎裴清使倭國渡海歷百濟等数國至其處倭王遣小德何輩臺從数百人設儀仗鳴鼓角來迎後十日又遣大礼哥多毗從二百餘騎郊勞既至彼都其王與清來貢方物　隋書

己巳　五年百濟舟漂流着肥後

庚午　六年始作彩色紙

辛未定居元年諸臣服色隨冠色

壬申　二年詔造須彌山於廷　始習樂

癸酉見聖元年

甲戌　二年

乙亥　三年御田鍬等還自隋

丙子　四年正月桃李實

丁丑　五年出雲有瓜大如缶　太子建大安寺

戊寅和京元年
己卯　二年
庚辰　三年赤氣丈餘亘於天
辛巳　四年二月二十一日作一 聖德夢四十九歲　法興元世元年
壬午　五年五穀不登　元年
癸未節中元年霖雨大水
甲申仁王元年僧官始
乙酉　二年高麗惠灌來　三論始
丙戌　三年六月大雪天下大飢盗起　馬子死

丁亥　四年五月蝇方丈声如雷

戊子　五年

舒明天皇（卅五）敏達之孫彥人大兄之子以唐太宗貞觀

三年己丑立在位十三年

己丑聖聰元年（一作聖德）

庚寅　二年遷都於飛鳥罡傍　秋發遣唐使

辛卯　三年九月幸有馬温泉

貞觀五年倭遣使入朝帝矜其遠詔有司無拘歲

貢遣新州刺史高仁表往諭唐書

壬辰　四年
癸巳　五年
甲午　六年秋彗星見
乙未僧要元年蓮生一莖二花
丙申　二年正月朔日食
丁酉　三年二月大星從東流声如雷　蝦夷反
戊戌　四年秋大風九月桃李花　各幸有馬
己亥
庚子命長元年一作今長二月七星入月　官講始

辛丑　二年

皇極天皇卅六舒明天皇后一作敏達曾孫茅淳王之女以

唐太宗貞觀十六年壬寅立在位三年

壬寅　元年

癸卯　二年五色雲滿天　六月並頭蓮生

甲辰　三年六月傳位　巫祭蠱惑氏

孝德天皇卅七皇極之弟以唐太宗貞觀十九年乙巳立

在位十年

乙巳大化元年

丙午　二年立國司定関建宇治橋

丁未　三年高ライ新ラ貢一作常色元年

元旦朝賀始

戊申　四年遣求法僧三韓是唐使始　二年

己酉　五年始置八省百官本朝通記一作白鳳元年

阿倍大臣薨

庚戌白雉元年長州所白雉　二年

辛亥　二年右大臣大伴長德薨　三年

壬子　三年造戸籍　大雨洪水　四年

高宗永徽初倭王孝德即位改元白雉獻琥珀大
如斗瑪瑙若五升器時新羅爲高麗百濟所暴高
宗賜璽書令出兵援新羅　永徽三年倭國與蝦
蛦人偕朝蝦蛦居海島中其使者鬚長四尺許唐
書

癸丑　四年　白鳳五年

律師道照求佛法至中國從三藏僧元奘經律論

甲寅　五年吐火羅國人至　鼠遷和白鳳六年

齊明天皇卅八皇極重祚以唐高宗永徽六年乙卯立在

位七年　年代紀作天豊財重日足姫天皇　遷

都大和州

乙卯　元年　白鳳七年

丙辰　二年百濟献卩了ム　八年

丁巳　三年盂蘭盆會始　九年

戊午　四年巨勢甕　智踰作指南車　十年

令僧智通等入唐求大乘法相顯慶三年

己未　五年代蝦夷坂合石津守吉祥聘唐　十一年

庚申　六年始作漏刻　十二年

辛酉　七年遷都朝倉　十三年

天智天皇卅九舒明子一作天豐子以唐高宗龍朔二年壬

戌立在位十年都江州大津

壬戌白鳳元年　十四年

癸亥　二年日本救百濟大唐戰延罡寺　十五年

甲子　三年冠位階名定　代新羅　十六年

乙丑　四年鎌足號大織冠　唐遣劉高德通好以和

丙寅　五年

丁卯　六年遷都志賀

戊辰中元元年長州献角馬　越國献代油薪之水土

己巳　二年鎌足薨

庚午　三年四月法隆寺災大雨震雷

咸亨元年總持遣使賀平高麗後稍習華音惡倭名更號日本唐書咸曰日本是一小國爲倭所并而冒其名按舊唐書四夷立傳既有倭傳又有日本傳知非更號同上參太平御覽

辛未　四年大友皇子任太政大臣

吾妻鏡補卷三

吳江翁廣平海琛纂

世系表

天武天皇四十天智弟以唐宗咸亨三年壬申立在位

十五年都和州岡本

壬申　白鳳元年一作朱雀

癸酉　二年不破關成　始寫一切經

甲戌　三年對馬始銀

乙亥　四年竜田祭始　八月大風　十月地大動

丙子　五年八月詔放生　飢饉

丁丑　六年五節舞始

戊寅　七年八坂塔立　甘露零難波

己卯　八年制僧尼法服色　六月雹

庚辰　九年葛城獲麟角　六月雨灰　八月大水風

辛巳　十年獻赤龜　彗星見

壬午　十一年房前生　始著黑漆冠

癸未　十二年用銅錢止銀錢　八月大赦

甲申　十三年詔男女服　定諸氏為八姓

乙酉　十四年大津皇太子賦詩日本始作詩

丙戌　十五年一作朱鳥和州獻赤雉草薙劍納熱田一作杲安元年

總持天皇四一天智之女以唐武后垂拱三年丁亥立在

位十年　年代紀作持總天皇紀元考作持統天

皇

丁亥　元年　杲安二年

戊子　二年詔學周詩詔減刑赦除賦之半　三年

己丑　三年始上御杖　草壁皇子薨

庚寅　四年

辛卯　五年女敘位始　諭百寮奉佛　自四月至六月雨大水

壬辰　六年大赦

大神宮行幸

癸巳　七年漢人奏踏歌　近江益須郡醴泉出

甲午　八年置鑄錢司　河内獻白山雉

乙未大和元年九月放赦獄

丙申　二年

文武天皇四天武之孫草壁皇子之子以唐武后萬歲

通天元年丁酉立在位十一年

丁酉大長元年

戊戌　二年萬葉集　禁博戲　自去年三月不收大税

己亥　三年謫役小角伊豆

庚子　四年道照寂　火葬始　詔定律令

辛丑大寶元年始行釋奠　松尾社立　不比等作律令

長安元年倭王文武遣朝臣真人粟田貢方物真人猶尚書也冠進德冠頂有華蘤四紫袍帛帶真人好學能屬文進止有容武后宴之麟德殿授司膳卿遣之唐書

壬寅　二年開木曾山

癸卯　三年遣粟田真人入唐求書籍律師道慈

求經律　年代紀叅唐書聖武生　三月人異朝來

甲辰慶雲元年鑄諸國印　停百官跪伏礼　大赦

乙巳　二年諸國斗升始　諸國飢疫給醫藥

丙午　三年始行追儺　夏旱

丁未　四年六月十五日天皇崩火葬於飛鳥岡

阿閉天皇四天智之女以唐中宗景龍二年戊申立在

位七年

年號箋作元明天皇宋史作阿用天皇

戊申和銅元年正月武州出銅　仲麿生

己酉　二年光仁生　禁私鑄錢

庚戌　三年興福寺立　遷都平城

辛亥　四年稲荷神現　撰古事記

壬子　五年作風土記　日向分大隅出

癸丑　六年備前分美作　丹波分丹後　分奧州置出羽

甲寅　七年布二丈六尺定　九月三日上傳位

開元初粟田復朝從諸儒授經詔四門助教趙元

然即鴻臚寺爲師獻大幅巾爲贄題云白龜元年所得錫賚悉貫物貨書以歸其副朝臣仲滿慕華不肯去易姓名曰朝衡歷左補闕儀王友多所該識留京師五十年乃還新舊唐書叅按朝衡叅王作晁衡字巨卿

維送秘書晁監還日本積水不可極安知滄海東九州何處遠萬里若乘空向國惟看日歸帆但信風鼇身映天黑魚眼射波紅鄉樹扶桑外主人孤島中別離方異域音信若爲通

元正天皇四四文武之姊以唐元宗開元三年乙卯立在

位九年　年代紀紀元考皆作皈依天皇新唐書阿用立死子聖武立改元白龜不載元正天皇又仁明元年直開成四年亦不符且與宋史所紀世系相背惟孝光元年直光啟元年則符也

乙卯靈龜元年遣僧正元昉入朝按此年代紀繫在聖武天皇下

丙辰　二年仲瓦入唐　施基親王薨

丁巳養老元年　三月醴泉出

戊午　二年撰律令　善无畏東遊　十二月大赦

己未　三年孝謙生

庚申　四年撰日本記　放生會始　淡海公薨

辛酉　五年伊勢例幣使始　十二月四日元明崩年六十歲
壬戌　六年置女醫博士　魚名生　自五月至
八月不雨詣田祖
癸亥　七年二月四日上傳位　獻白龜
聖武天皇四五文武之子以唐元宗開元十二年甲子立
在位二十五年
甲子神龜元年人磨卒　六月太白晝見　於陸奧
國築多賀城日本風土記詳地里志
乙丑　二年人乱薨　遣吉備真備入唐爲留學

生研覃經史該涉衆藝

丙寅　三年長谷寺供養

丁卯　四年新羅使入京 神皇正統記

戊辰　五年禁天下養鷹

己巳天平元年光明后立

庚午　二年興福寺塔立　始置皇后宮

辛未　三年竹生島神現諏訪并信卅

壬申　四年天皇始冕服朝前 太平記

癸酉　五年三島明神現　諸國飢詔恤之

甲戌　六年四月大地震民多死

乙亥　七年舍人親王薨　吉備真備朝大唐歸

獻唐礼一百三十卷大衍經一卷大衍歷立成十

二卷測影鉄尺一枚銅歷管一部樂書要錄十卷

絃纏漆角弓一張馬上飲水漆角弓一張甲箭二

十隻平射箭十隻

丙子　八年天始疱瘡

丁丑　九年桓武生　每州建國分寺

戊寅　十年松浦明神現　每月六日齊禁漁獵

己卯 十一年諸國分尼立寺 出雲獻朱鳥

庚辰 十二年遷都恭仁 太宰廣継伏誅

辛巳 十三年令諸國寫經造塔

壬午 十四年奥州赤雪二寸 六月京雨飯 冬大隅空有声

癸未 十五年創大佛像 太宰府始供腹赤魚

甲申 十六年遷都浪華

乙酉 十七年大地震三日不止之甚

丙戌 十八年元昉宗

丁亥 十九年中將姬生 京師大旱免租

戊子　二十年四月廿一日正元崩

孝謙天皇四六聖武女以唐元宗天寶八載己丑立在位

十年　宋史文獻通考作孝明天皇

己丑勝寶元年　按天代紀新唐書日本高僧傳皆作天平勝寶而吾妻鏡年號箋作勝寶者省文也

庚寅　二年始黃金出

辛卯　三年始置常樂會

壬辰　四年幸東大寺慶大佛像

遣使及僧入唐求內外經及傳戒年代紀日本高

僧傳天平勝寶四年藤源清河爲遣唐大使至長安見元宗元宗聞彼國有賢君觀使者趨揖有異乃號日本爲礼儀君子國命晁衡導清河等視府庫及三教殿又畫清河貌納於蕃藏中及歸賜詩釋空海文鏡秘府論明皇帝送日本使日下非殊俗天中嘉會朝念余懷義遠矜爾畏途遥漲海寛秋月歸帆駛夕飈因驚彼君子王化遠昭昭全唐詩逸錢起送僧歸日本上國隨緣至來途若夢行浮天滄海遠去世法船輕水月通禪觀魚龍聽梵声惟憐一灯影

萬里眼中明

癸巳　五年法華寺立　攝州大風海邑民漂没

天寶十二年朝衡復入朝唐書包佶送日本國聘

賀使晁巨卿東歸上才生下國東海是西隣九譯

蕃君使千年聖主臣野情偏得体木性本含仁錦

帆乘風轉金裝照地新孤城開蜃閣曉日上車輪

早識來朝歲塗山玉帛均

甲午　六年石山寺立

乙未　七年改年爲歲　藝州獻白烏

丙申　八年五月二十日聖武崩五十六

天寶末楊州僧鑒真始往倭國大演釋教經魚海

蛇山其徒號過海和尚　李肇國史補

鑒真往日本漂入蛇海又入魚海後入黑海既出

達於日本　釋贊寧高僧傳

丁酉寶字元年　按多賀城碑作天平寶字盖四字年號而省文者

故改元年天平寶字　諸國藏孝經　橘諸兄公薨

亻二神コ元

戊戌　二年上傳位於皇孫大炊

大炊天皇四七天武之孫舍人之子一稱廢帝以唐肅宗

乾元二年己亥立在位六年

己亥 三年

庚子 四年鑄萬年通寶錢太平元寶錢 光明

后薨

辛丑 五年遷都保良 孝謙天皇剃髮名法基

壬寅 六年遷都平城

鎮守將軍藤原惠美朝臣朝獦修多賀城立碑天

平寶字六年十二月一日見雲真人書日本風土記

癸卯　七年當麻曼荼羅成

甲辰　八年孝謙廢天皇流之淡州　誅惠美

唐高鶴林官都虞侯冠軍大將軍因使日本願謁

鑒真和尚既滅度不覲尊顏嗟而述懷上方傳佛

燈名僧號鑒真懷藏通鄰國真如轉付民早嫌居

五濁寂滅離囂塵禪院從今古青松繞塔新斯法

留千載名記萬年春見真人和尚傳按鑒真亦寂在天平寶字六年全唐詩逸

稱德天皇四八孝謙重祚名高野姬以唐代宗永泰元年

乙巳立在位五年

乙巳神護元年按擘要改元天平神護是年十月光皇崩于淡

丙午　二年道景受位　藤豐成薨

丁未景雲元年目光山立　伊治城ハキツヲ

戊申　二年春日移三笠山　流清麿於大隅

己酉　三年清麿謁宇佐

光仁天皇四九天武之孫施基之子以唐代宗大歷五年

庚戌立在位十二年　年代紀作白壁天皇

庚戌寶龜元年八月四日孝謙崩　仲麿于唐卒

辛亥　二年渤海國使入京

壬子　三年道鏡死以庶人葬

癸丑　四年良弁寂　遣使及僧靈仙行賀入唐 定殺瀆礼五台山學佛法 年代紀

甲寅　五年空海生　蝦夷反討平之　建神工寺

乙卯　六年吉備公薨　中將姫卒

丙辰　七年京中屋上每夜自落石　天下大蝗

丁巳　八年冬旱治川水絶　遣小野石根于唐

戊午　九年

大歷十二年遣大使朝慥副使和聰達來朝貢 宋史

己未　十年唐遣使來

庚申 十一年輿賊興乱殺紀廣純明年遣兵討平
之 判官調攝悉唐會要作調攝志
建中元年遣大使真人興能獻方物真人因官
而氏者興能善書其紙似繭而澤人莫能識唐書
辛酉天應元年開愛岩

吾妻鏡補卷四

吳江翁廣平 海琛纂

世系表

桓武天皇五十光仁子以唐德宗建中三年壬戌立在位

二十四年

壬戌延曆元年

癸亥 二年八幡託號菩薩

甲子 三年都移長岡 冬十一月免京畿田租

乙丑 四年平野社立 大伴家持卒

丙寅　五年葛原親王嵯峨淳和生　坂上苅田麿卒

丁卯　六年

戊辰　七年開叡山　鑿波堀江

貞元四年遣使方文明貢方物唐書

己巳　八年廢諸國關　古佐美率兵討奧賊

庚午　九年疱瘡行　畿内大飢

辛未　十年八月盜燒伊勢太廟　征蝦夷

壬申　十一年令太學諸生習漢音

癸酉　十二年天皇幸新都巡覧之

甲戌 十三年將軍冢成 平安城成

乙亥 十四年田村丸任將軍

丙子 十五年創東寺鞍馬

丁丑 十六年續日本紀成

戊寅 十七年

己卯 十八年清麿薨

庚辰 十九年富士山燒山川水皆紅

辛巳 二十年田村丸征東夷

壬午 廿一年築膽澤城開箱根道

癸未　廿二年伊勢齋官除始

甲申　廿三年

元和初遣使者藤原葛野興空海大師及延歷寺
僧最澄入唐越二年諸天台山傳智者正觀義年代紀

釋空海性靈集序云和尚昔在唐日作離合詩贈
土僧維上泉州別駕馬總一時大才也覽則驚怪
因贈詩云何乃萬里來可非衒其才增學助元機
土人如子稀全唐詩逸

乙酉　廿四年田村管清水寺　最澄歸朝

永貞元年遣使者朝其學子橘免勢浮屠空海願

留肄業歷二十餘年使者高階真人來請免勢等

俱還詔可唐書

平城天皇五一桓武子一稱諸樂天皇以唐憲宗元和元

年丙戌立在位四年

丙戌大同元年空海歸

丁亥　二年緣覲王反　冬桃李花

戊子　三年二月齋部廣成上古語拾遺

乙丑　四年四月天皇傳位

嵯峨天皇五二　平城弟以唐憲宗元和五年庚寅立在位

十四年

庚寅宏仁元年仁明生

辛卯　二年田村丸薨　如茂齋苑始

壬辰　三年設花宴

癸巳　四年山階寺南円堂立　新羅入寇討平之

甲午　五年管野真道薨

乙未　六年円珍生讃州

丙申　七年開高野山

丁酉　八年天下大旱　新羅人投化

戊戌　九年大内額空海改

己亥　十年僧官定　山門請戒壇

庚子　十一年

辛丑　十二年

壬寅　十三年冬嗣作宏仁式

癸卯　十四年賜東寺空海賜西寺守敏天皇傳位

淳和天皇五三嵯峨之弟以唐穆宗長慶四年甲辰立在

位十年

甲辰　天長元年七月七日平城崩　口融生

乙巳　二年空海神泉苑乞雨　紫平生　浦島子歸業　平生乜メタイン始

丙午　三年東寺塔立　冬口嗣卒

丁未　四年護明爲僧正　文德生

戊申　五年諸國七道分

己酉　六年水車始

庚戌　七年良岑安世卒

辛亥　八年詔撰秘府畧　光孝生

壬子　九年雲林院成
癸丑　十年撰令義解　二月廿八日天皇傳位
仁明天皇五四嵯峨子以唐文宗太和八年甲寅立在位
十七年
甲寅承和元年白馬節會始
乙卯　二年空海入定　永和昌寶ヲイル
丙辰　三年梅宮祭始
丁巳　四年篁流隱岐　常継入唐
戊午　五年円仁入唐　五月二十日氷雪降

己未　六年

庚申　七年遣僧入唐礼五台山 年代紀 三月十

七日淳和崩

劉禹錫贈日本僧智藏詩浮杯萬里過滄溟遍礼

名山適性靈深夜降龍潭水里新秋放鶴野田青

身無彼我那懷土心會真如不讀經爲問中華學

道者幾人雄猛得寧馨

辛酉　八年業平元服　日本後紀成

壬戌　九年七月十五日嵯峨崩　阿保親王薨

癸亥　十年宮田麿反捕流之

甲子　十一年

乙丑　十二年菅相丞生　以菅是善為文章博士

丙寅　十三年藤吉野薨

丁卯　十四年田仁歸朝　惟高生名虎卒

戊辰嘉祥元年橫川中堂立　良貞工卒

己巳　二年渤海使來　賑飢民

庚午　三年三月二十一日天王崩

文德天皇五十五仁明子以唐宣宗大中五年辛未立在位

八年

辛未仁壽元年

壬申　二年小野篁薨

癸酉　三年円珍入唐　葛原親王薨　藤関雄卒

甲戌齊衡元年躬恒生

乙亥　二年大佛頭落　奥賊爲乱討平之

丙子　三年三月大地震

丁丑天安元年逢坂関始　對馬人爲乱

戊寅　二年春日祭始　八月二十七日天王崩

清和天皇五六文德子八唐宣宗大中十三年己卯立在
位十八年
己卯貞觀元年八月幡遷男山
庚辰　二年真濟寂　天皇始讀孝經
辛巳　三年始行長慶宣明曆　帝講論語左傳
壬午　四年真如親王入唐　二月釋奠講習左傳
癸未　五年撰續日本記　五月五日　天寒隕霜
甲申　六年円仁寂　真雅總輦卒　僧位定五
月富士山火

乙酉　七年

丙戌　八年傳教慈覺謚太師號始

丁亥　九年五月五日宇多生

戊子　十年十月陽成帝生

己丑　十一年祇園社立

庚寅　十二年撰貞觀格　貞子内親王薨

辛卯　十三年良房准三宫始　時平生

壬辰　十四年良房薨

癸巳　十五年喬王薨

甲午　十六年貞親王生　僧尼禁綾羅

乙未　十七年仲平生

丙申　十八年太極殿火　十一月二十九日天皇傳位

陽成天皇五七清和子以僖宗乾符四年丁酉立在位八年

丁酉元慶元年唐使至　正月紀有常卒

戊戌　二年四月興福寺燒亡

己亥　三年清和剃髮　都良香卒

庚子　四年業平薨　十二月清和崩

辛丑　五年創置奨學院

壬寅　六年渤海使來

癸卯　七年忠岑生

甲辰　八年紀貫之生　二月天皇遜位

光孝天皇五八仁明子以唐僖宗光啟元年乙巳立在位

三年

乙巳仁和元年

丙午　二年三月十三日東寺塔雷火

光啟元年遣僧宗睿貢物入唐傳教兩浙海防續編

丁未　三年七月晦大地震　八月二十五日天皇崩

宇多天皇九五光孝子以唐僖宗光啟四年戊申立在位

十年傳於子

戊申仁和四年

己酉寬平元年賜平姓於高望王　龍紀元年仁和

天皇遣僧寬建等入朝唐書係己酉年寬宇多覺

平元年蓋遣使時仁和尚未傳位也

庚戌　二年遍昭寂　紀長谷雄始讀漢書七種粥始

辛亥　三年四珍卒　基經薨

壬子　四年修類聚國史

癸丑　五年行平卒

甲寅　六年小野道風生　新羅寇邦之

乙卯　七年融薨號河原院

丙辰　八年廢二條皇后

丁巳　九年七月三日天皇傳位

醍醐天皇六十宇多子以唐昭宗乾寧五年戊午立在位

三十三年

戊午昌泰元年

乙未　二年太上皇始称法皇

庚申　三年上三代實錄　七月彗星見

辛酉延喜元年菅公左遷　時平作延喜式

壬戌　二年遣僧入貢　有熊入西京傷人

偉莊送日本僧敬龍歸詩扶桑已在渺茫中家在扶桑東更東此去與師誰共到一船明月一帆風

癸亥　三年菅公薨　空也生

甲子　四年宇多帝成室於仁和寺俗曰御室

乙丑　五年撰古今　七月捕博徒

丙寅　六年敦忠生　帝讀史記

丁卯　七年法皇行熊野　鑄延喜通寶錢

戊辰　八年渤海遣使來

己巳　九年七月聖寶寂　時平薨

庚午　十年御影供始　信貴毘沙門出現

辛未　十一年正月七日若采始　九月良原生　滿仲生

壬申　十二年

癸酉　十三年源光薨　贈時平大政大臣

甲戌　十四年五月二日京六百十七家火依管霧崇　六月大水

乙亥 十五年七月十五日如月二刻 鑄隆平錢

丙子 十六年貞純薨

丁丑 十七年十二月朔東大寺大 講堂僧房百卅間

戊寅 十八年洪水淀河如海 定服色

己卯 十九年詔以空海文冊置經藏

庚辰 廿年渤海使

辛巳 廿一年空海謚宏法大師 佐理生 崇福寺火

壬午 廿二年夏大旱

癸未 延長元年朱雀帝生 三月菅霧奮后洛下震恐

甲申　二年大和獻八足兔　太上皇入上

乙酉　三年天皇疱瘡

丙戌　四年多武峯總社立　村上生

丁亥　五年進延僖格式六十二卷　田真謚知證大師

戊子　六年風土記成就書賢君明臣清涼殿　性空生

己丑　七年道風書賢聖障子　京師洪水人多死

庚寅　八年九月二十二日天皇傳位　清貫希

世處死

吾妻鏡補卷五

吳江翁廣平　海琛纂

世系表

朱雀天皇六一醍醐子以後唐明宗長興二年辛卯立在

位十六年

辛卯承平元年

壬辰　二年將門謀叛於下總

癸巳　三年去州詔減常膳服御四分之一　藤

純友反

甲午　四年東大寺西塔雷火

乙未　五年三月延曆寺中堂火

丙申　六年純友寇南海

丁酉　七年四月十五大地震　富士山火

戊戌天慶元年鷄合始

己亥　二年庚申御遊始　將門反

庚子　三年天神現右近馬場　將門反

辛丑　四年純友亡　日藏往冥途

壬寅　五年源姓生　新羅七艘到隱岐

癸卯　六年寔頼任左相　元良王薨
甲辰　七年長谷焼亡　天下大風
乙巳　八年枇杷大臣薨
丙午　九年紀貫之薨　四月十三日天皇傳位
村上天皇六六朱雀弟以後漢高祖天福十二年丁未立
在位二十一年
丁未天暦元年天都始遷北野　六月忠文卒
戊申　二年寔頼爲関白
己酉　三年貞信公薨　九月廿九陽成崩

庚戌　四年正月廿四冷泉生

辛亥　五年撰後撰集　六月波羅密寺立

壬子　六年八月十五日朱雀崩、太上皇剃髮

癸丑　七年三月元方卒

甲寅　八年重明親王薨

乙卯　九年北野一夜生千本松　以菅丞相謚天滿天神

丙辰　十年淨藏加持八坂塔

丁巳天德元年吳越遣使來

戊午　二年源經基薨　六月孫王薨

己未　三年四融陀生　呉越遣使來

庚申　四年九月二十四皇宮焚帝遷冷泉

辛酉應和元年冬十一月還幸

壬戌　二年給東西京民綿衣

癸亥　三年八月廿日清涼山門南都宗論

甲子康保元年道風卒　淨然寂　栽櫻桃於紫宸宮

乙丑　二年左大臣顯忠薨

丙寅　三年六月廿三兩日並出　京大水

丁卯　四年五月二十五日天皇剃髮爲僧名覺

貞是日崩

冷泉院天皇三六 村上子以宋太祖開寶元年戊辰立在

位二年傳位其子自稱太上皇 此天皇始號院

戊辰安和元年

己巳 二年八月十三天皇傳位

圓融天皇四六 冷泉子一稱守平 亦作符平 天皇以宋太祖開

寶三年庚午立在位十五年

庚午天祿元年寔賴薨

辛未 二年祇園會始 建多田院

壬申　三年空也寂

癸酉天延元年北野社火

甲戌　二年兼通爲關白

乙亥　三年

丙子貞元元年六月十八日未曾有大地震　皇宮火

丁丑　二年兼通薨　八月滿仲出家

戊寅天元元年

己卯　二年三月二十八日幸大幡四月萬日始幸平野

庚辰　三年六月朔一條院生　七月九日猛風

羅城門例　皇宮火
辛巳　四年山門三井不和　九月管文時卒
壬午　五年奝然入宋　皇宮火
癸未永觀元年建永觀寺　順卒
甲申　二年八月二十七日天皇傳位
雍熙元年日本王守平遣僧奝然與其徒五六人
浮海而至獻銅器十餘事并本國職員表年代紀
各一卷奝然衣綠自云姓藤原氏父爲真連真連
其國五品官也奝然善隸書上召見不通華言問

風土以書對其國王一姓傳継臣下皆世官因嘆息謂宰相曰此島夷耳乃世祚遐久其臣亦継襲不絶蓋古之道也朕雖德慙往聖嘗夙夜寅畏講求治本亦以爲文孫之計使大臣之後世襲祿位此朕之心也乃又求之五臺許之令所過給食明年隨台州寧海縣商人船歸其國越四年端拱元年遣弟子喜因等奉表來謝並貢方物賜紫衣存附甚厚攜有越王孝經新義第十五一巻即鄭氏注者越王乃唐太宗子越王貞新義記室參軍任

希古等撰也奝然求印本大藏經詔給之宋史叅

象胥錄　兩浙海防續錄

花山院天皇六五冷泉子以宋太宗雍熙二年乙酉立在

位二年

乙酉寬和元年圓融剃髮名覺如

丙戌　二年嵯峨釋迦像渡　拾遺集合三代華

山剃髮

一條院天皇六六圓融子以宋太宗雍熙四年丁亥立在

位二十五年

丁亥永延元年

戊子　二年

僧奝然遣弟子奉表來謝見藝文又別啟貢佛經及

方物　佛經納青水函　琥珀納青紅白水晶

紅黒木槵子念珠各一連並納螺鈿花形平函

毛籠一納螺杯二口　葛籠一納法螺二口　染

皮二十枚　金銀蒔繪筥一合納髮鬘二頭　又

一合納三議正四位下藤佐理手書二卷及進奉

物數一卷表狀一卷　又金銀蒔繪一筥一合納

金硯一鹿毛筆松烟墨金銅水瓶鉄刀　又金銀
蒔繪扇一筥一合納檜扇二十枚　蝙蝠扇二枚
螺鈿梳匣一對其一納赤木梳二百七十其一納
龍骨十橛　螺鈿書案一　螺鈿書几一　金銀
蒔繪平筥一合納白細布五尺　鹿皮龍一納貂
裘一領　螺鈿鞍轡一副銅鉄鐙紅絲鞦泥障
倭畫屏風一双　石硫磺七百觔 兩浙海防續編
己丑永祚元年三方日出　兼盛卒
日本紀載寔有兩日三日並出及三方日出者夫

天無二日豈有兩三日之理蓋海中多有光之物
如金鼇大蛋之類與日相對而印其光則亦如一
日矣此不足異也鷄窗叢話

庚寅正曆元年西寺燒亡　圓融崩

辛卯　二年梅壺女御女院始

壬辰　三年紫式部卒　前太平記

癸巳　四年贈菅神大政大臣

甲午　五年七月高野大塔災　上　天下盜賊起

乙未長德元年藤道兼卒

丙申　二年盜傷上皇　伊周流

丁酉　三年滿仲薨

戊戌　四年佐理卒　實方死

己亥長保元年五月九日庚申有三尸御遊

庚子　二年建河原院

辛丑　三年今宮立　皇宮火

壬寅　四年定基入家入宋

咸平五年建州海賈周世昌遭風飄至日本凡七

年得還與其國人滕木吉至上皆召見之試所持

木弓矢挽射不及遠詰其故以國中不習戰鬥對
詢其風俗云婦人皆被髪一衣用二三縑又呈所
記州名年號世昌以國人唱和詩來其詞雕刻膚
淺無取賜木吉時裝錢遣還　文獻通考

癸卯　五年三月廿六幸加茂社　敦實王薨

甲辰寛宏元年增賀寂　上幸北野祠

景德元年僧寂照等八人來朝識文字繕寫甚妙
詔號圓通大師賜紫方袍自後朝貢來皆僧也　宋史
無名氏贈日本僧寂照礼天台山詩滄波泛萍錫

幾月到天朝鄉信日邊斷歸程海面遥秋泉吟裡

落霜葉定中飄爲愛華風住扶桑夢自消　王氏談錄

乙巳　二年晴明卒

丙午　三年異國賊船來　冷泉院火

丁未　四年性空寂

戊申　五年二月八日華山崩　後一條院生

己酉　六年具平親王薨　後朱雀生

庚戌　七年爲平親王薨

辛亥　八年六月十三天皇崩　十月廿四冷泉

崩

三條院天皇 六七 華山弟以宋真宗祥符五年壬子立在
位五年

壬子長和元年

癸丑　二年幸道長第

甲寅　三年與新羅戰　二月九日皇宮大

乙卯　四年正月廿一内裡大

丙辰　五年因幡堂移京　某月廿九天皇傳位

後一條院天皇 六八 一條子以宋真宗天禧元年丁巳立

在位二十年

丁巳寛仁元年

戊午　二年頼光斬鬼　造大安寺

己未　三年今宮會始

庚申　四年濟信許牛車　南蠻入寇廿八七人却之

辛酉治安元年五月九日三條崩

壬戌　二年仏工定朝得法橋工人綱位之始

癸亥　三年盜火罹大殿

甲子萬壽元年勢田橋火

乙丑　二年後冷泉生　大皇太后號上東門院
丙寅　三年大皇太后公任剃髮
天聖四年十二月明州言日本國太宰府遣人貢
方物而不持本國表詔卻之其後亦未通朝貢南
賈時有傳其物貨至中國者
丁卯　四年行成卿卒　道長薨
戊辰長元元年平忠常反　四月大雪
己巳　二年
庚午　三年清仁王薨

辛未　四年賴信誅忠常

壬申　五年十二月法住寺火　宇多宮倒　富士山灾

癸酉　六年盜入禁闕

甲戌　七年阿闍梨官始　後三條生

乙亥　八年

丙子　九年四月十七天皇崩

後朱雀院天皇六九後一條弟以宋仁宗景祐四年丁丑立在位九年

丁丑長曆元年

戊寅　二年九月大神宮遷宮　延曆寺僧嗷訴

捕之下獄

己卯　三年台徒與直方戰

庚辰長久元年九月外宮遷宮　内裡火

辛巳　二年公任卒　法成塔爲地震倒

壬午　三年皇宮火

癸未　四年牛産兩頭犢　一條院火

甲申寬德元年興福寺燒

乙酉　二年正月十八天皇崩

後冷泉院天皇十七後朱雀子以宋仁宗慶年丙戌立在

位二十三年

丙戌永承元年仁海寂

丁亥　二年清源寺武坐私入宋流佐渡

戊子　三年興福寺供養　冬十一月皇宮火

獻宋歷

己丑　四年獻仏舍利一粒於天下諸神祠

庚寅　五年詔征奥州

辛卯　六年平等院立　安倍頼時反
壬辰　七年八月廿五日長谷寺炎上
癸巳天喜元年白川生　住吉寺火
甲午　二年
乙未　三年長谷寺立
丙申　四年
丁酉　五年頼義誅頼時
戊戌康平元年太極殿災
己亥　二年一條院火

庚子　三年興福寺燒亡

辛丑　四年敦貞王薨

壬寅　五年誅貞任　生捕宗任

癸卯　六年三井乘寺立　賴義建胄岡八幡

甲辰　七年八月十九清水寺災上

乙巳治歷元年賴宗薨　日吉寺燒亡

丙午　二年教通關白　宋商王滿獻物ヲツム

丁未　三年上幸平等院

戊申　四年四月十九日傳位崩　六月四日肥

後降雪

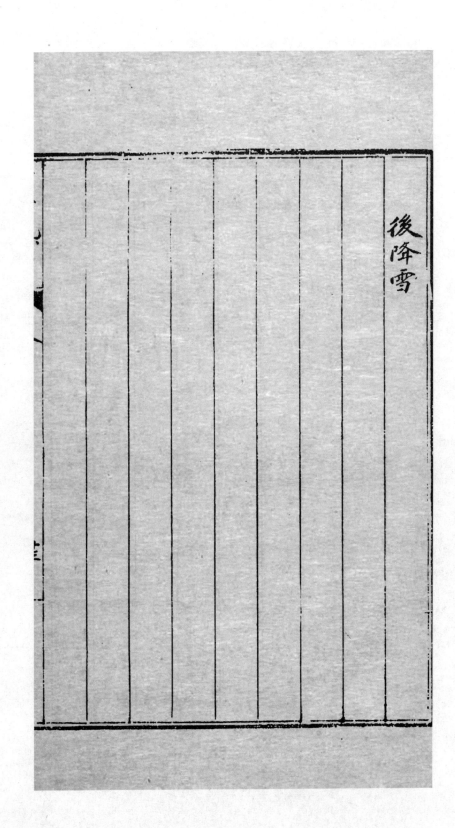

吾妻鏡補卷六

吳江翁廣平　海琛纂

世系表

後三條院天皇一七後冷泉弟以宋神宗熙寧三年己酉立在位四年

己酉延久元年始置紀錄所　八月八幡始放生會

刀リ

庚戌　二年感仁院燒亡

辛亥　三年八月內裡新造　奧賊作亂賴俊平

之

壬子　四年行日吉祭　十二月天皇傳位

熙寧五年有僧誠尋至台州上天台國清寺願留

州以聞詔使赴闕誠尋獻銀香爐木槵子白琉璃

五香水晶紫檀琥珀所飾念珠及青色織物綾神

宗以其遠人而有戒業處之開寶寺盡賜同來僧

紫方袍是後連貢方物而來者皆僧也宋史

白河院天皇訖後三條子以宋神宗熙寧六年癸丑立

在位十四年

癸丑延久五年先帝崩
甲寅承保元年三月賴通薨　九月上東門院崩
三井等悉炎上
乙卯　二年叡山三井戒壇爭
丙辰　三年
丁巳承曆元年法勝寺立九重塔　高麗求醫款
文王薨
戊午　二年七月九日堀河生　源師房卒
元豐元年使通事僧仲回來賜號慕化懷德大師

明州又言得其國太宰府牒因使人孫忠還遣仲回等貢色緞二百疋水銀五十兩州以孫忠乃泛海商客而貢礼與諸國異請自移牒報而答其物直付仲回東歸從之宋史

己未　三年二月太神宮外院燒　京師災上

庚申　四年九月聘於宋

按元豐三年高麗國遣使柳洪副朴寅亮朝貢且獻日本國車一乘洪云諸侯不貢車服誠知非礼本國所以上進者欲中國知日本工拙耳朝廷為

留之高麗本箕子之國其知礼如此陳襄文昌雜錄
辛酉永保元年春興福寺僧焚多武峯台徒燒三井
壬戌　二年賴義卒　仁和寺性信叙二位僧位
之始
癸亥　三年富士火
甲子應元元年賴豪寂
乙丑　二年寛仁薨
丙寅　三年後拾遺　帝傳位
堀川院天皇北白河子以宋哲宗元祐二年丁卯立在

位二十一年

丁卯寬仁元年

戊辰　二年上皇幸高野山

己巳　三年山門御幸

庚午　四年清原武衡反　正熊野御幸　清水

寺御寺

辛未　五年武衡家衡亡

壬申　六年幸金峯山　九月廿日癸上

癸酉　七年叡山僧鬥　義綱討羽州賊

甲戌嘉保元年九月顯房卒陽明門院崩

乙亥　二年四月加茂社炎上　天皇病瘧三症

丙子永長元年白河剃髮　忠盛生

丁丑永德元年經信卒　天下洪水　建六條院

戊寅　二年法皇造鳥羽宮

己卯康和元年法親王始

庚辰　二年流賴治於佐渡

辛巳　三年大政大臣師實薨

壬午　四年流義親於隱岐

癸未　五年正月十六鳥羽生　高野大塔供養

甲申長治元年八月義家卒

乙酉　二年九月二條院崩

丙戌嘉承元年

丁亥　二年誅義親　七月十九上崩

鳥羽院天皇叱堀河子以宋徽宗大觀二年戊子立在

位十六年

戊子天仁元年

己丑　二年二月始行北野御忌日

庚寅天水元年興福寺與山門戰
辛卯　二年禪林永觀寂　江匡房卒
壬辰　三年五月廿八雨雹
癸巳永久元年
甲午　二年興賊作乱討平之
乙未　三年遊女舞始
丙申　四年行尊為僧正
丁酉　五年法成寺燒
戊戌元永元年法皇幸熊野

乙亥　二年平清盛生　五月廿八崇德生

庚子保安元年鎌倉創立　後房薨

辛丑　二年台僧燒三井

壬寅　三年九月顯季卒

癸卯　四年祇園涼始　正月十八天皇傳位

崇德院天皇乩鳥羽子以宋徽宗宣和六年甲辰立在

位十八年

甲辰　元年七月彗星見

乙巳　二年山伏修驗法始　京師火

丙午大治元年十月二日鞍馬炎上
丁未　二年長忍融通念佛始　九月後白河生
新羅三郎卒
戊申　三年金葉集
己酉　四年七月七日白河崩
庚戌　五年
辛亥天承元年
壬子長承元年建得長壽院
癸丑　二年

吾妻鏡補　卷下

甲寅　三年源空生　京都大

乙卯保延元年十二月五日三日並出

丙辰　二年家宗薨

丁巳　三年流季盛於渡佐

戊午　四年平重盛生

己未　五年近衛院生

庚申　六年正月八日幡宮災上　台僧燒三井

辛酉永治元年七月爲羽剃髮　十二月七日天皇

傳位

近衛院天皇七六崇德弟以宋高宗紹興十二年壬戌立

在位十四年

壬戌康治元年

癸亥　二年覺鑁寂　六月二日條院生

甲子天養元年撰詞花集　南都僧戰

乙丑久安元年七月彗星見　南都僧攻金峯

丙寅　二年南都僧焚叡山

丁卯　三年有仁薨

戊辰　四年頼朝生　六月皇宅災

己巳　五年五月高野大塔焚上

庚午　六年

辛未仁平元年弁慶生

壬申　二年

癸酉　三年賴政射夜鳥　正月忠盛卒

甲戌久壽元年

乙亥　二年狩那須野狐　七月廿三天王崩

後白河院天皇七七崇德弟以宋高宗紹興二十六年丙
子立在位三年

丙子保元元年七月二日鳥羽崩　流崇德於讚州
丁丑　二年忠正爲義等誅　撰千載集
戊寅　三年八月十一日天皇傳位
二條院天皇七八後白河子以宋高宗紹興二十九年己
卯立在位七年
己卯平治元年誅信西
庚辰永歷元年誅義朝流頼朝　清盛爲大政大臣
辛巳應保元年九月高倉生
壬午　二年定家生　一女生四子　八月廿六

崇德崩於讃州

癸未長寬元年

甲申　二年三十三間堂立

乙酉永萬元年山門興福額打侖　生二頭四手子

二條崩

六條院天皇九七　二條子以宋孝宗乾道二年丙戌立在

位三年

丙戌仁安元年

丁亥　二年七月清盛馬尾鼠作巢

戊子　三年清盛出家　二月十九天皇傳位
十二月十二伊勢廟災
高倉院天皇十八後白河子以宋孝宗乾道五年己丑立
在位十三年以辛丑禪位其子自稱太上法皇建
久三年殂
己丑嘉應元年附明州綱首進貢方物宋史後白河
剃髮
庚寅　二年台徒清水寺燒
辛卯承安元年誅爲朝　覺阿入宋　納盛清女爲

中宮

壬辰　二年兵庫築嶋成

癸巳　三年流文覺　觀鸞生

甲午　四年念佛宗宏　義經起於奥州

乙未安元元年重順贈育王山金

淳熙二年倭王船火兒滕太明毆鄭作死詔械太

明付其綱首歸治以其國之法

丙申　二年七月十七日六條崩

丁酉治承元年後寛流　太極殿災後不作

淳熙四年日本有泛海遺風漂至明州無口食詔給之又有百人行匃於市至臨安詔守臣支給津遣往明州養贍候有便舟發回本國嗣後有漂至華亭定海者詔勿取其貨如例給養 文献通考

戊戌　二年安德生　正月彗星見東方

己亥　三年重盛卒

庚子　四年頼政自盡　頼朝起兵　二月廿三

天皇傳位

安德院天皇 八 高倉子以宋孝宗淳熙八年辛丑立在

位三年　癸卯禪位其子文治二年丙午以平民
作乱没於海
辛丑養和元年正月十四高倉崩　閏二月清盛薨
壬寅壽永元年江嶋成
癸卯　二年木曾起兵於信州平家落都七月天
皇奔讃州平宗盛一族從之　請大宗國陳和卿
鑄佛文献通考
後鳥羽院天皇以安德弟高倉院第四子以宋孝宗淳
熙十一年甲辰立在位十五年

甲辰元暦元年義仲敗死

乙巳文治元年本豊卒　三月廿四日安徳入水

四月神器入洛　七月九日大地震

丙午　二年以頼朝為天下總追捕使

丁未　三年千載集成　秀衡卒

戊申　四年義經興行　重修東大寺

己酉　五年義經卒　二月彗星見

庚戌建久元年頼朝上洛　誅泰衡以殺義經故也

辛亥　二年霍岡放生會始

壬子　三年頼朝爲征東大將軍　三月十三後

白河崩

癸丑　四年狩富士奈須野　頼朝殺範頼

甲寅　五年禪宗宏　曾我後讎　六月六日角

堂棟上

乙卯　六年土御門生　頼朝入朝

丙辰　七年二月廿三修嵯峨釋迦堂

丁巳　八年頼朝詣善光寺

戊午　九年西行寂　正月十一天皇傳位　九

月御順徳生

土御門天皇汃後鳥羽院第一子以宋寧宗慶元五年

己未立在位十一年此後数王吾妻鏡紀元考所載即位脱擬殂卒俱有不符

今以年號釐爲正

己未正治元年頼朝薨

庚申　二年文覺流　梶原亡

辛酉建仁元年頼家任將軍

壬戌　二年新田義重卒

癸亥　三年仁田忠常入富士人穴

甲子元久元年實朝任將軍

乙丑　二年後成卒　撰新古今合八代　重忠伏誅

丙寅建永元年熊野本宮災上

丁夘承元元年源空流

戊辰　二年熊谷法師寂擘要作蓮生寂書其名也　兼實薨

己巳　三年法勝寺九層塔火

庚午　四年律宗宏　九月彗星見　十一月廿五天皇傳位

順德院天皇八後鳥羽院第四子以宋寧宗嘉定四年

辛未立在位十一年

辛未建曆元年俊芿皈朝

壬申　二年源空寂　後崛河生

癸酉建保元年和田合戰

甲戌　二年台徒燒三井

乙亥　三年榮西寂　時政卒

丙子　四年八月廿八大風　宋陳和卿皈化

丁丑　五年

戊寅　六年寔朝任右大臣

己卯承久元年賴經任將軍　盜殺大將軍鶴岡

庚辰　二年

辛巳　三年置兩六波羅　平義時流後鳥羽於

隱州流天皇於佐州

附全四册目録

吾妻鏡補（四）